AF370289

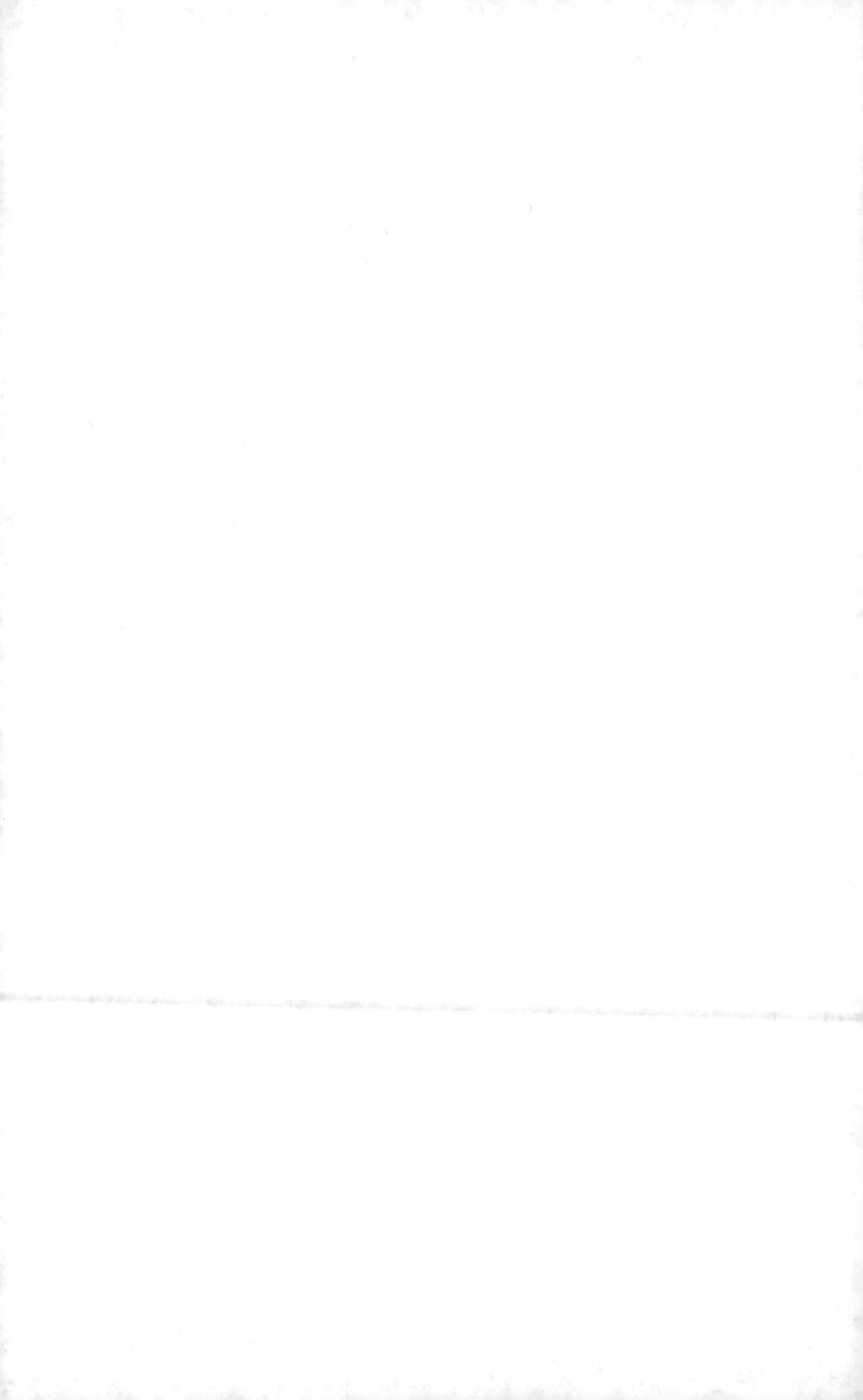

25 Octobre 1886.   V

VENTE

EN VERTU D'UN JUGEMENT ENREGISTRÉ

D'UN

MOBILIER

ANCIEN ET MODERNE

MEUBLES RENAISSANCE, LOUIS XIII ET LOUIS XVI

SIÈGES ANCIENS

FAIENCES ANCIENNES DE ROUEN, DE DELFT

ET AUTRES

Bronzes d'art de Mêne, Sculptures, Bronzes d'ameublement

Pendules Louis XIV et Louis XVI

TABLEAUX & DESSINS MODERNES

Par Harpignies, Palizzi, J. Noel, Lalanne, etc.

LIVRES

Meubles de salon, de Salle à manger, de Cabinet de travail
et de Chambres à coucher

PIANO DROIT DE GAVEAU

RIDEAUX, TAPIS ET LITERIE

Ustensiles de ménage, Batterie de cuisine, Plaqué, Vaisselle
Verrerie

DONT LA VENTE AURA LIEU

HOTEL DROUOT, SALLE N° 2

Les Lundi 25 et Mardi 26 Octobre 1886

A DEUX HEURES

M° VARIN	M. B. LASQUIN
COMMISSAIRE-PRISEUR	EXPERT
Successeur de M. DUBOURG	
rue Laffitte, 9	rue Laffitte, 12

EXPOSITION PUBLIQUE

Le Dimanche 24 Octobre 1886, de une heure à cinq heures.

PARIS — 1886

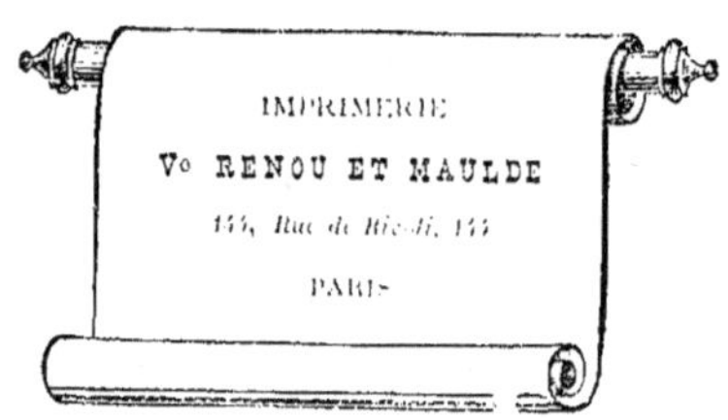

IMPRIMERIE
Vᵒ RENOU ET MAULDE
144, Rue de Rivoli, 144
PARIS

CONDITIONS DE LA VENTE

—

Elle sera faite au comptant.

Les Acquéreurs paieront, en sus des adjudications, CINQ CENTIMES PAR FRANC applicables aux frais.

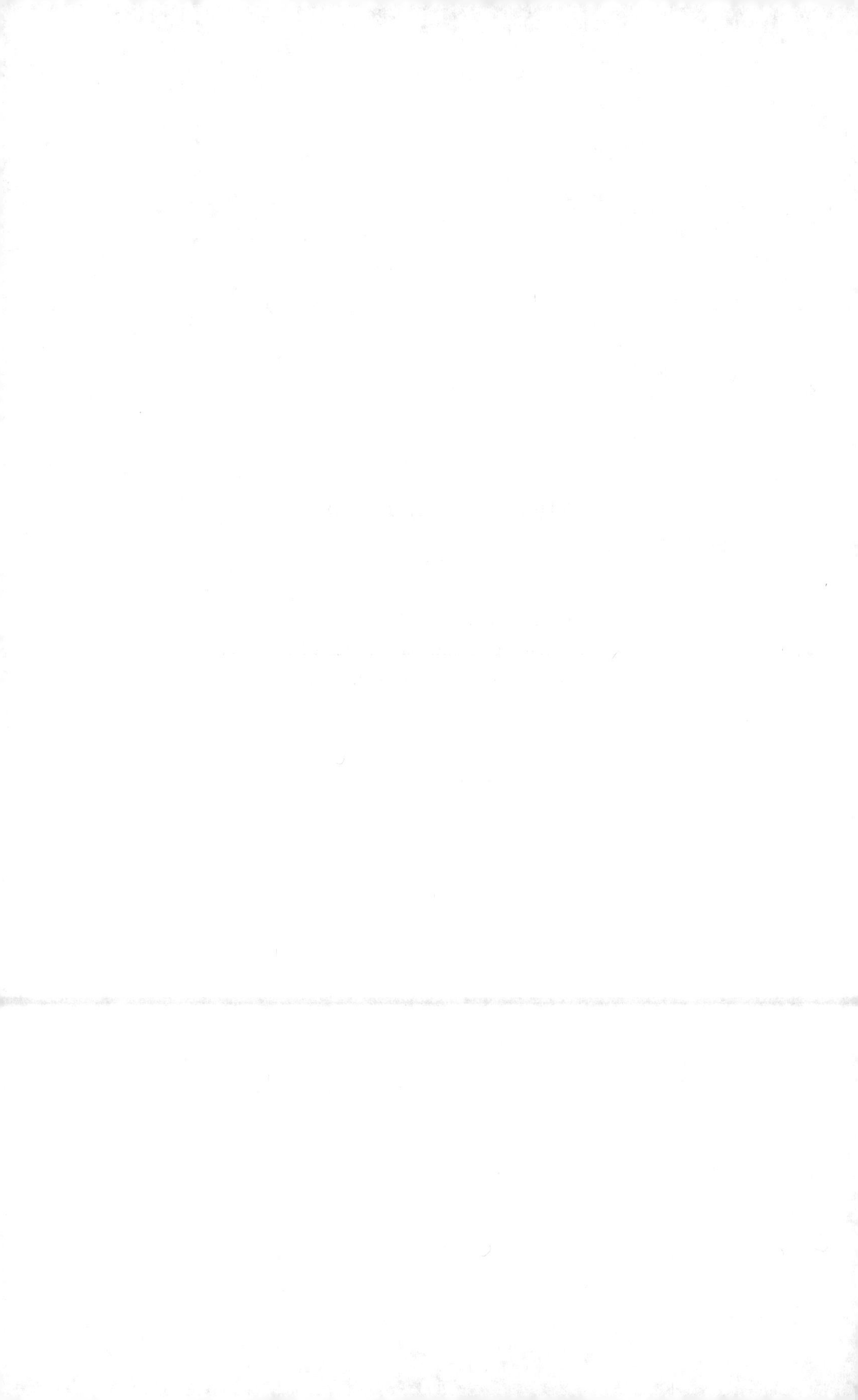

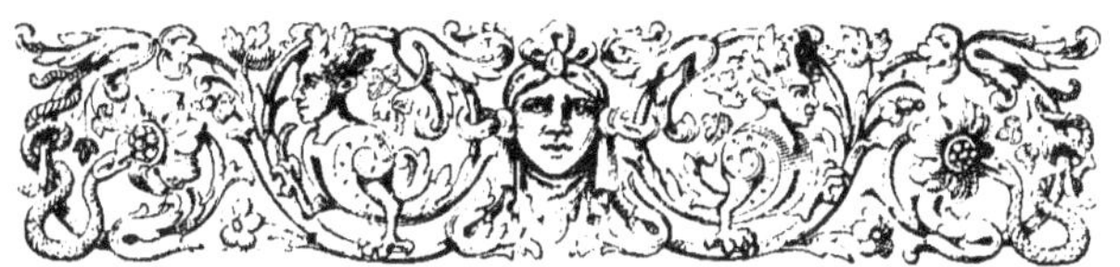

DÉSIGNATION SOMMAIRE

MEUBLES ANCIENS

Pendule Louis XIV en marqueterie de cuivre et bronze, surmontée d'une figure de Renommée.

Lit Louis XIII à colonnes torses en bois sculpté, avec chevet à fronton.

Crédence Renaissance en noyer sculpté, à pieds carrés, à gaine sur le devant, ouvrant à deux portes et deux tiroirs, ornée de godrons et d'enroulements.

Meuble Louis XIII à deux corps et à fronton en bois sculpté, à guirlandes de fruits, vases et fleurs, il ouvre à quatre portes, et deux tiroirs.

Table hollandaise en marqueterie de bois.

Dix Chaises hollandaises en palissandre, garnies de cuir.

Miroir Louis XIII.

Glace Louis XIII à fronton.

Petit Meuble bonheur-du-jour Louis XVI, ouvrant à trois tiroirs dans le bas, formant bureau et surmonté d'une vitrine.

Petite Console Louis XVI en acajou et moulures de bronze.

Petit Chiffonnier à trois tiroirs en bois de rose.

Guéridon rond Louis XVI en acajou, à dessus de marbre blanc.

Commode Louis XV en bois de rose.

Deux Chaises Louis XIII en bois sculpté, garnies de cuir.

Fauteuil Louis XIV en bois sculpté.

Fauteuil Louis XV en noyer sculpté à rocailles, garni de velours vert.

Petit Meuble à deux corps en noyer sculpté du temps de Louis XIII, le corps supérieur à fronton contient une caisse de sûreté.

Table genre Louis XIII, formant bureau.

Fauteuil et Chaise genre Louis XIII, garnis de velours vert.

Grand Canapé de style Louis XIII avec deux Coussins en tapisserie.

FAIENCES ET PORCELAINES ANCIENNES

Pichet en vieux Rouen, décor polychrome, portant le nom de *Jean de Haye*, 1777.

Grand Plat en vieux Rouen, décor polychrome dit à la Corne.

Trois Plats de même décor.

Bannette oblongue en faïence de Sinceny.

Plat en faïence de Sinceny, décor à kiosques et quadrillages.

Deux grands Vases ovoïdes en faïence de Savone, décor bleu à figures de cavaliers.

Soupière en faïence de Marseille, décorée de fleurs et à anses rocaille.

Deux petits Vases à piédouche en faïence italienne, décor bleu à médaillons de figures.

Plateau en faïence de Savone à galerie ajourée, décoré de fleurs.

Deux petits Beurriers avec Plateaux en faïence de Delft, à décor bleu.

Vase à gorge trilobée en faïence italienne.

Deux Brocs en faïence de Delft, décor bleu.

Soupière en ancienne porcelaine de l'Inde à décor bleu, Cafetière, Assiettes en porcelaine de Chine et du Japon.

Choppe en ancien grès de Flandre.

Jolie Écritoire de forme carrée en ancienne faïence de Delft, à décor de figures chinoises en bleu et manganèse, avec anses formées de torsades.

Vase porte-fleurs en Rouen.

BRONZES D'ART ET SCULPTURES

ŒUVRES DE MÊNE

Chèvre broutant.

Brebis et Agneaux.

Porte-Allumettes, groupe de deux lapins.

Chien de chasse.

Ours portant une hotte, vide-poche.

Deux petits groupes, Lapins et Poules et Poussins.

Petit Chien.

Chien et Renard.

Deux Chiens. — Plâtre de Mêne.

Coupe ronde en bronze de Caïn, à sujet et trophée de chasse.

Le Charmeur de serpents, bronze d'Arthur Bourgeois.

Figure de Femme assise, bronze de Barbedienne.

Buste de Flore, terre cuite de Carpeaux.

Pêcheur napolitain, terre cuite de Carpeaux.

BRONZES D'AMEUBLEMENT

Pendule Louis XVI en bronze doré et marbre blanc : Vénus et l'Amour.

Suspension de salle à manger en cuivre de chez Normand.

Deux Lampes en bronze de Barbedienne.

Deux Flambeaux en bronze de Caïn.

Deux petits Flambeaux-Cassolettes Louis XVI en bronze.

Deux Chenets Louis **XV**.

Deux Flambeaux en bronze du Japon.

TABLEAUX ET DESSINS

Noël (Jules), 1877. Marine.

Lalanne (M.). Deux Dessins au fusain : Vue de Suisse et Intérieur de parc.

Lalanne (M.). Deux Fusains : Paysages, Marine.

École hollandaise. Portrait d'homme.

Vestier (Genre de). Portrait de Femme âgée. Forme ovale.

Merson (Olivier). Dessin à la plume pour le tableau du musée de Nantes : la Journée des Barricades.

Lecointre (Ch.). Pêcheur sur une passerelle (Aquarelle).

Lecointre (Ch.). Marine.

Palizzi. Bélier et trois Brebis.

Harpignies. Chasse à l'affût.

Dubos (Aug.). Le Déjeuner de l'oiseau.

Arus (G.-B.). Le dernier Train (Esquisse).

Bulaud (J.-L.). Le Tambour de village.

Ouvrié (Justin). Intérieur de village (Aquarelle).

BIBLIOTHÈQUE

BIBLIOTHÈQUE à trois vantaux en chêne sculpté, de chez Drouard.

LIVRES. Environ 300 Volumes : Dictionnaire de conversation. Inscriptions et pierres gravées du cabinet de Mgr le duc d'Orléans, 1780. — Dictionnaire de Littré, Voltaire, Walter-Scott, Victor Hugo, Dulaure, Montesquieu, Boileau, Marmontel, Romans, etc.

MOBILIER COURANT

Meubles d'antichambre.

Porte-Manteaux, Escabeaux, Coffres à bois en chêne, Armoires vitrées en palissandre.

SALLE A MANGER

Ameublement en chêne sculpté, genre Renaissance, de chez Drouard, comprenant deux Buffets vitrés, une Table et une Servante.

Plaqué : Réchauds, Cafetières, etc.

Services de porcelaine et de verrerie.

SALON

Deux Lampes en céladon craquelé, montées en bronze.

Garniture de foyer en cuivre.

Belle Table de milieu de style Louis XVI en bois de thuya, à moulures de cuivre.

Piano droit de Gaveau, en bois noir, ayant figuré à l'Exposition de 1878.

Lustre en verre de Venise.

Deux Appliques en bronze, garnies de cristaux.

Divan, quatre Fauteuils, une Chaise longue.

Six Chaises dorées, modèle Lyre.

Meubles de chambres à coucher et de cabinet de toilette en acajou et en palissandre.

Batterie de cuisine.

Rideaux, Literie et Tapis.

Objets appartenant à M. X.

MEUBLES ET OBJETS D'ART

Meuble à deux corps, de style Renaissance, en bois noir sculpté, ouvrant à deux vantaux garnis de mufles de lion. Travail de Canonica.

Six Chaises Louis XIII en noyer.

Écran en chêne sculpté, garni d'étoffe en soie brochée.

Bahut vitré, de style Louis XIV, en bois noir orné de cuivre.

Console Louis XVI en bois d'acajou et cuivre.

Baromètre Louis XVI en bois sculpté et doré.

Deux Lampes en faïence de Delft.

Couvre-Lit en ancien damas rouge.

Trois Coussins en satin brodé.

Console en terre cuite d'Épinay, formée d'une coquille supportée par deux poissons.

Joli Buste de Bacchante en marbre blanc sculpté.

Cartel Louis XVI à vase et guirlandes, en bronze ciselé et doré.

Deux Bras de mur, de style Louis XVI, en bronze doré.

Deux Flambeaux Louis XV en bronze argenté.

Deux Flambeaux Louis XVI en bronze doré.

Coffret du xvie siècle recouvert en velours vert et orné de cuivres.

Petit Miroir ovale dans un cadre en bronze.

Six Assiettes en ancienne porcelaine de Sèvres, pâte tendre, décorées de bouquets de fleurs et de filets bleus.

Deux Assiettes en ancienne porcelaine tendre de Sèvres.

Tasse et sa Soucoupe en vieux Sèvres pâte tendre, décorées de feuillages et de roses.

Tasse et sa Soucoupe en vieux Sèvres pâte tendre, décorées de fleurs et d'une bordure fond bleu.

Pot à crème en vieux Sèvres pâte tendre à fond bleu, et médaillon à bouquets de fleurs.

Plat en faïence d'Urbino, à décor polychrome sur fond blanc, offrant, au centre, une figure de la Renommée entourée d'amours, de grotesques et de chimères. Il porte la signature d'*Alfonso Patanazzi*.

Deux Bouteilles en ancienne faïence du Midi, à décor bleu.

Assiette en vieux Rouen polychrome.

Assiette en vieux Rouen.

Soupière et son couvercle en vieux Rouen.

Sept Assiettes en ancienne faïence de Delft.

Vase côtelé en ancienne porcelaine de Chine, décoré de figures et d'ornements.

Soupière et son couvercle en vieux Chine.

Soupière et Couvercle en vieux Japon.

Plat en vieux Chine famille verte.
Deux Plats en vieux Chine, décor bleu.
Deux petits Bols en vieux Chine.
Quatre Bols en porcelaine de Perse.
Deux Plats en ancienne porcelaine de Saxe.

TABLEAUX ET DESSINS

Béraud (Jean). La Promenade.
Van Damm (Sylva). Pâturage.
Kraft. Portrait de jeune fille.
La Rochenoire. Vaches dans un pré.
Richet. Paysage.
Hernandez. Jeune Femme dans un intérieur.
Robert (H.). Fontaine de Minerve (Aquarelle).
Coypel. Étude de femme (Dessin).
Bourgeois. Vue de Genève (Aquarelle).
École française du XVIIIe siècle. Grisaille.
École française du XVIIIe siècle. Nature morte.

Vve Renou et Maulde, imprimeurs de la Compagnie des Commissaires-Priseurs.
rue de Rivoli, 144.   300—72260

www.ingramcontent.com/pod-product-compliance
Lightning Source LLC
LaVergne TN
LVHW010848180726
843502LV00009B/3781